LA MUSIQUE INSTRUMENTALE

DANS

LES MAISONS D'ÉDUCATION

PAR

F. DE PUBELY

PRIX : UN FRANC.

LYON

IMPRIMERIE ET LIBRAIRIE VITTE & PERRUSSEL

3 ET 5, PLACE BELLECOUR ET RUE SALA, 58

—

MDCCCLXXXIV

LYON. — IMP. VITTE ET PERRUSSEL, RUE SALA, 58.

LA

MUSIQUE

INSTRUMENTALE

DANS

LES MAISONS D'ÉDUCATION

PAR

F. DE PUBELY

PRIX : UN FRANC

LYON

IMPRIMERIE ET LIBRAIRIE VITTE & PERRUSSEL

3 ET 5, PLACE BELLECOUR ET RUE SALA, 38

MDCCCLXXXIV

AVANT-PROPOS

La librairie Briday vient de publier une très courte brochure de M. l'abbé Neyrat et de M. H. Réty, maître de chapelle à Mâcon, sur un sujet assez peu actuel, et d'une importance très discutable.

Du Rôle de la Musique vocale et instrumentale dans les Écoles chrétiennes, tel est le titre de cet opuscule, qui se présente au public muni d'une lettre approbative de Mgr l'évêque d'Autun, membre de l'Académie française.

La haute compétence du savant chanoine de Lyon, dont l'autorité en matière musicale est incontestée, et le talent bien connu de M. Hippolyte Réty, un de nos plus habiles maîtres de chapelle de province, feraient désirer peut-être une étude plus complète sur cette question à peine ébauchée.

Il est en effet difficile de démontrer en si peu de pages que la musique doit avoir dans l'instruction et l'éducation chrétienne de l'enfance et de la jeunesse, un rôle aussi grand que celui que lui assignent MM. Neyrat et Réty.

La musique n'a eu et n'aura jamais qu'une place secondaire dans les programmes d'études, qu'il s'agisse d'écoles chrétiennes ou de collèges laïques.

C'est un art d'agrément, le premier de tous peut-être, mais dont l'importance ne saurait balancer celle de la philosophie, de la littérature, de l'histoire, des sciences et de la grammaire.

Les plus illustres éducateurs de la jeunesse ne l'ont jamais regardée comme indispensable, et je ne sache pas qu'aucun programme de l'Université ou des collèges de Jésuites, pour englober dans ces deux extrêmes, l'ensemble des systèmes d'enseignement, se soit jamais occupé de mettre au niveau des autres études celle de la musique.

En voulant lui faire une place plus large dans l'instruction et l'éducation, les savants auteurs courent le risque de n'être pas compris de tout le monde ; les théories ne se propageant pas, malheureusement, aussi facilement qu'elles s'émettent.

Toutefois, les considérations de la première partie du travail de MM. Neyrat et Réty sont véritablement sérieuses et inspirées par un grand amour de l'art et de la jeunesse. Sans être précisément nouvelles, ces observations judicieuses, appuyées par des citations de MM. J. Rambosson, Gounod, du Père Gratry, démontrent assez bien qu'il faut élever l'âme des enfants en formant leur goût musical. Mettre entre leurs mains des œuvres aussi parfaites que possible, les initier graduellement à la connaissance des principes et des règles de l'art, utiliser leurs ressources vocales, « les intéresser et les instruire », sont des moyens excellents au point de vue de la pédagogie musicale.

Mais encore une fois, tout cela n'est pas nouveau, et personne ne contesta jamais ces vérités, banales à force d'être connues.

Sans doute, la grande science des deux auteurs les place au premier rang de ceux qui peuvent enseigner les bonnes méthodes, mais alors il faudrait plus de développement à ces pages importantes, et si MM. Neyrat et Réty veulent obtenir une réforme dans l'enseignement de la musique, qu'ils ne se contentent pas d'émettre quelques principes isolés ; mais qu'ils composent un livre manuel, artistique et pratique tout à la fois, pour l'instruction des ignorants et la direction des professeurs peu expérimentés.

En réalité, le but de la brochure de MM. Neyrat et Réty est de protester contre l'usage des instruments de cuivre, dans les maisons d'éducation.

S'ils avaient voulu simplement condamner l'abus de ces instruments, au point de vue de l'hygiène et du goût musical, leur thèse eut été fort soutenable et généralement approuvée. Mais non ; ils demandent l'ostracisme complet, la suppression absolue des fanfares de pensionnats, et cela, au nom de l'art, de la probité musicale, de l'intérêt, de l'avenir des enfants et des jeunes gens.

C'est peut-être prendre la question d'un peu haut, et user de raisonnements qui dépassent le but.

Les vives réclamations des savants maîtres de chapelle auront-elles raison des habitudes prises. de l'entraînement général, de la pratique universelle ?

C'est douteux.

La lettre de Mgr l'évêque d'Autun (1) ne nous parait pas le moins du monde une approbation directe de

---

(1) Voici le texte complet de la lettre de Mgr d'Autun :

« Autun, le 20 avril 1884.

« Je voudrais pouvoir parler avec plus de compétence des grandes questions d'art musical, exposées avec tant d'autorité et de clarté dans la brochure de MM. Neyrat et Réty.

« Sous cette réserve, je me sens porté à donner ma complète approbation à leur travail, et je serais heureux de pouvoir seconder la réforme dont ils me paraissent avoir très bien démontré la nécessité.

« ADOLPHE-LOUIS,

« *Évêque d'Autun, Châlon et Mâcon.* »

la brochure qu'elle précède. Mgr Perraud, que nous savons être un musicien délicat, voudra bien nous permettre d'attribuer à sa seule modestie les doutes qu'il émet sur sa compétence musicale, et sa lettre nous paraît être simplement une formule polie qu'il ne pouvait refuser à la personne et au talent des auteurs.

Quant aux consultations des médecins, relatives aux inconvénients de la musique instrumentale, que la brochure enregistre précieusement, elles perdent la plus grande partie de leur poids si l'on remarque qu'elles portent sur des cas bien explicites d'abus des instruments de cuivre. A ce compte-là, les plus illustres maîtres de la Faculté seront invoqués en témoignage à tout propos, quand il s'agira d'abus, même des meilleures choses.

Malgré donc les trois certificats en bonne forme, des docteurs Biot, Emile Blanc et Teissier, malgré la lettre un peu longue « d'un prêtre, excellent musicien, d'une expérience indiscutable, maître de chapelle dans une cathédrale » les instruments de cuivre resteront probablement en faveur dans les pensionnats, au détriment de l'art peut-être, mais à la joie extrême des écoliers.

J'ajouterai que la thèse de MM. Neyrat et Réty, trop sévère dans ses réclamations et excessive dans ses conclusions, manque, par le fait de ces deux défauts, de la justesse et de la vérité nécessaires à tout projet de réforme.

Même dans les maisons d'éducation où l'usage des instruments de cuivre est toléré, « la probité musicale » dont parle Gounod, peut être et est en réalité respectée, et ne souffre pas la moindre atteinte.

Nous essaierons de le démontrer dans une modeste étude que nous livrons au public, privée de toute recommandation personnelle, et n'empruntant qu'à l'histoire et au bon sens son intérêt et ses arguments.

PREMIÈRE PARTIE

CHAPITRE PREMIER

REPROCHES FAITS AUX INSTRUMENTS A VENT

§ 1er. — *Ils sont nuisibles aux voix.*

Au point de vue restreint des chœurs de chant dans les maisons d'éducation, cette objection a sa valeur. Il serait dommage en effet, quand un enfant possède une voix délicate, claire, bien timbrée, de la fatiguer par l'usage des instruments de cuivre. L'évidence de cet inconvénient n'échappe à personne.

Mais dans un chœur, si complet soit-il, les voix d'enfant ne constituent qu'une minorité sans importance, et l'expérience apprend à tous les maîtres de musique instrumentale

la médiocrité des ressources fournies par cette catégorie d'é-
lèves. Ils ne sont ni assez musiciens, ni assez robustes, ni
assez disciplinés pour faire avantageusement partie d'une
fanfare. Aussi, l'admission des enfants qui chantent, est-elle
une rareté et une exception dans les musiques instrumentales de pensionnat. S'il se trouve des directeurs assez
peu avisés pour ne pas tenir compte de tous ces obstacles, ils sont répréhensibles, voilà tout.

Cette faiblesse de l'enfant, qui le rend incapable de
souffler dans un instrument, l'oblige quelquefois aussi à
s'abstenir de chanter.

Pour les voix mieux formées des élèves de 16 à 18 ans,
il n'y a presque pas de danger à jouer d'un instrument de
cuivre, parce que les efforts sont loin d'être aussi grands
qu'on se le figure.

Si, d'aventure, il se rencontrait parmi les jeunes gens
qui chantent, une voix de ténor ou de basse exception-
nellement belle, il serait assurément imprudent de permettre à ce chanteur l'usage des instruments de cuivre.
Mais encore une fois, ces cas-là sont assez peu fréquents,
et l'on peut toujours faire en leur faveur les plus larges
réserves.

Je ne suppose pas qu'on veuille établir en principe
que tous les élèves d'un pensionnat feront partie du chœur
de chant. Il en est que la nature n'a pas favorisés d'un
bel organe ; d'autres qui n'aiment pas chanter ; d'autres
enfin, naturellement amis du bruit éclatant des cuivres
ou des sons de la flûte, de la clarinette et du hautbois.
On en voit souvent pour qui le tambour a des attraits ir-
résistibles.

Proposez à ces tapageurs les difficultés du violon, les
profondeurs du violoncelle ou les harmonies célestes de
la harpe. Ils ne voudront rien entendre, et réclameront

l'objet bruyant de leurs désirs. « L'amour de la trompette, a dit un auteur fort spirituel, est dans la nature des Français. »

En face de ces exigences de tempérament national et de propension moderne, que devra faire l'instituteur, quand il aura à régler ce qui concerne la musique, et après qu'il aura formé son chœur de chant ?

A-t-il le droit de priver de musique un nombre important de ses élèves, et pourra-t-il pratiquement leur infuser l'amour des instruments à cordes ?

Il est démontré que l'abus seul des instruments à vent débilite les poitrines et nuit aux voix ; l'usage modéré, à propos, et intermittent est anodin.

§ II. — *Ils sont funestes à la santé.*

Quand le jeune musicien fait des efforts immodérés, et dépense, pour obtenir des sons de l'instrument de cuivre, un souffle exagéré, il court en effet le risque de nuire à sa santé, quelquefois d'une manière grave. Mais peut-on oublier qu'il y a pour ces débutants des précautions indiquées par les méthodes et les maîtres de musique ? Ceux-ci doivent surveiller avec soin les exercices des commençants, et leur enseigner à ménager leurs forces.

D'ailleurs les exercices de musique instrumentale n'ont, dans les pensionnats, qu'une place bien restreinte. C'est toujours le temps de la récréation qui est consacré à ces leçons ; la récréation de midi surtout. Or, après le repas les forces sont plus grandes, et, pour plusieurs tempéraments de jeunes gens, cet exercice, pris modérément, bien entendu, remplace suffisamment les jeux ordinaires. Qui pourra soutenir sérieusement que la santé des musiciens sera compromise par deux ou trois exercices par semaine, d'une demi-heure chacun ?

Dans les musiques de régiment, où les gagistes ne sont plus guère qu'à l'état de souvenir, et où par conséquent, il y a tous les ans de nouvelles recrues à former, les exercices quotidiens durent plusieurs heures. Or, la santé des jeunes soldats, à leur arrivée au corps, est-elle bien meilleure toujours que celle de nos jeunes élèves, et l'ordinaire du régiment est-il plus substantiel que celui de la pension ?

La proportion des soldats malades ne donne pas un chiffre plus élevé à ceux qui font partie de la musique, qu'à ceux des autres corps.

§ III. — *L'existence de deux Sociétés instrumentales dans un même établissement amènera forcément des divisions, ou suscitera des rivalités regrettables.*

Cette objection n'a aucun fondement pour la plupart des maisons d'éducation de notre région, où les symphonies, si elles existent, sont formées des mêmes éléments que les fanfares, c'est-à-dire que les mêmes musiciens jouent dans les deux sociétés 1 .

C'est du reste affaire au directeur de la musique ou au supérieur de la maison de régler les attributions et les privilèges de chacun.

(1) Nous affirmons cela pour l'Institution des Chartreux, à Lyon, le Pensionnat des Frères de la Montée Saint-Barthélemy, et le collège Sainte-Marie de Saint-Chamond.

*§ IV. — L'enseignement et la pratique du chant auront gravement
a souffrir du voisinage de la musique instrumentale.*

Et pourquoi cela? La musique vocale, dans tous les
établissements ecclésiastiques ou laïques, a ses heures réservées, prises sur l'étude, et Dieu sait, dans certaines maisons, la large part qui lui est faite. La musique instrumentale au contraire, nous l'avons déjà dit, ne s'exerce que
pendant les récréations : a la première tous les honneurs,
et c'est juste ; a la première tous les privilèges, et c'est
raisonnable. Mais ne dites pas que le tapage musical des
fanfares empêche les enfants d'apprécier la musique calme
et douce, ou bien mettez-les à perpétuité, à un régime
d'harmoniflûte, de faux-bourdon ou de plain-chant.

Vous les éloignerez de la musique grave, vous les dégoû-
terez de la vraie et grande harmonie, avec ces pruderies de
puritain, et ce faux zèle de janséniste.

Laissez à l'enfant, au jeune homme de nos écoles primaires ou secondaires, la faculté de faire, a certains jours,
un peu de bruit avec des instruments de cuivre. Le grand
art n'y perdra rien, ni la morale non plus.

*§ V. — Dans les maisons où deux Sociétés instrumentales existent,
les instruments a cordes auront certainement le dessous.*

Et après? Le monde s'écroulera-t-il parce que la fanfare
aura 25 élèves, et la symphonie 15 seulement?

Ici encore, c'est l'affaire du maître, car nous ne connaissons guère d'institutions où il y ait compétition d'autorité, et où le sceptre musical soit partagé.

En vérité, les savants auteurs de la brochure dont nous reproduisons les observations dépassent ici leur but, et font à tort, de la question musicale dans une maison d'éducation, un point des plus essentiels.

Que les deux professeurs de musique rivalisent de zèle, si l'on a à craindre des comparaisons, et que le mérite et le talent des uns l'emporte sur le nombre et le bruit des autres. *Parvi refert.*

§ VI. — *Les fanfares sont incapables d'inspirer le goût de la bonne musique, de la musique sérieuse, classique, instructive, agréable même, etc.*

Sans doute, le but des musiques instrumentales de pensionnat n'est pas de former le goût artistique des enfants, bien que, à plusieurs points de vue, l'usage des instruments soit, pour un certain nombre de ces jeunes musiciens, un moyen rapide et efficace de s'initier aux beautés de l'art musical. Le reproche qu'on leur fait de n'exécuter qu'une catégorie de morceaux « d'un vide absolu » est juste, mais il aurait encore plus de force si les adversaires de la musique instrumentale de cuivre prouvaient que, dans les mêmes conditions de temps et de dispositions naturelles, les violonistes ou harpistes peuvent exécuter les chefs-d'œuvre classiques écrits par Mozart, Beethoven ou Berlioz. De plus, c'est une erreur, accidentelle ou voulue, d'avancer que les fanfares de collège ne jouent jamais autre chose que des danses ou des marches de procession. Il y a une multitude de pièces musicales

des meilleurs maîtres, arrangées pour les musiques militaires, et dont l'exécution sur nos places publiques enlève
les applaudissements des juges les plus difficiles. Assurément les musiques de collège n'ont pas les mêmes ressources comme nombre et qualité d'artistes, mais si un
temps suffisant leur était donné, elles arriveraient aux
mêmes résultats. Pour sortir des généralités, nous avons
entendu souvent, dans des pensionnats de Lyon et de
Saint-Étienne, soit dans des concerts, soit à des fêtes
religieuses, des morceaux du répertoire classique exécutés
d'une manière très correcte.

« Les maîtres n'ont pas daigné écrire à leur intention »
reproche puéril, si l'on veut parler des compositeurs
antérieurs au premier quart de ce siècle, puisque ce n'est
guère qu'à partir des perfectionnements apportés dans la
facture des instruments de musique, par l'invention des
pistons dans les instruments de cuivre 1, invention qui
multipliait considérablement les ressources de ces instruments, que les compositeurs pouvaient songer à écrire des
partitions pour ces instruments. D'ailleurs, l'histoire de la
musique militaire, en France notamment, contredit un peu
l'assertion de MM. Neyrat et Réty.

Nous avons sous les yeux, en écrivant ces pages, les
marches et batteries composées par Lulli 2, pour la
garde française, les airs de hautbois de Philidor l'aîné 3,

(1) Le véritable inventeur des pistons dans les instruments de
cuivre est Blühmel, musicien allemand, qui céda à Stœlzel d'abord,
et à Wieprecht ensuite le droit de continuer à exploiter en Prusse
cette invention (1814).

(2) Jean-Baptiste Lulli, célèbre musicien, né à Florence, en 1633,
mort en 1687.

(3) Philidor (François-André Danican, dit), compositeur de musique et célèbre joueur d'échecs, né à Dreux, en 1726, mort à
Londres, en 1795.

et toutes les sonneries de hautbois, de tambours et de trompettes des diverses musiques militaires de l'Europe, depuis le XVIIe siècle, signées de noms peu connus en France, mais que les ouvrages d'érudition musicale mentionnent fidèlement [1].

Les fanfares militaires étant composées d'instruments de cuivre dont la sonorité, l'étendue et le timbre conviennent plus spécialement à la musique guerrière, il n'y a rien de surprenant que le répertoire classique, soit, indépendamment de l'impossibilité matérielle dont nous venons de parler, peu riche en œuvres de ce genre.

Il y a, pour les compositeurs modernes, plus de profit et de gloire à récolter dans le domaine de l'opéra, que sur le terrain limité des musiques de régiment. Ajoutons néanmoins que tous se servent dans leurs orchestrations des ressources fournies par le perfectionnement des instruments. Pour s'en convaincre, il suffit de comparer les partitions des opéras de Lulli, de Grétry ou de Méhul, avec celles de Rossini, de Berlioz ou de Gounod.

§ VII. — *Une fois sorti de l'école, de quel avantage, de quel agrément pourra profiter l'élève? Son petit talent musical lui facilitera-t-il du moins quelques bonnes relations? Dans les villes comme dans les villages, à quel usage les fanfares servent-elles généralement? A quelles fêtes, à quelles cérémonies prêtent-elles volontiers leur concours?*

Ici la question se déplace un peu, car il s'agit du rôle de

---

(1) Voir le *Manuel général de Musique militaire*, par G. Kastner. — *Manuel des compositeurs, directeurs, chefs d'orchestre*, par F.-J. Fétis. — *Traité d'harmonie*, par Catel. — *Traité général d'instrumentation*, par G. Kastner.

la musique instrumentale dans les écoles chrétiennes. Suivons cependant MM. Neyrat et Réty.

Une fois sorti de l'école, l'élève ne sera pas artiste, et aura probablement des préoccupations d'un ordre plus élevé que celle du violon ou de la clarinette.

Nous n'avons pas la prétention d'espérer que le jeune instrumentiste enlèvera des diplômes aux examens, ou une position dans le monde, à l'aide d'un cornet à piston ou d'un trombone. Les portes des salons ne s'ouvriront pas devant lui parce qu'il saura tirer des sons d'un instrument de cuivre ; mais le violon ou le piano aura-t-il une plus grande influence et un pouvoir plus magique ? Les relations qu'on peut se créer à l'aide des instruments à cordes sont assez limitées, et l'on se prend à sourire à la pensée des réunions bourgeoises qui ont la musique d'ensemble pour prétexte, et le juge de paix du lieu avec quelques notables pour auditeurs.

Nos jeunes musiciens, à leur sortie de la pension relèguent les instruments de cuivre dans la poussière de leurs vieux livres de classe, et à part quelques exemples de fanatisme, il n'en est point qui les reprenne.

Combien de fois au contraire, pour le supplice des voisins ou des invités, les violonistes de collège et les pianistes de rhétorique ne font-ils pas grincer, dans les concerts de famille, les cordes de leur violon et les nerfs des auditeurs.

L'avantage des instruments de cuivre, à ce point de vue-là, est incontestable.

Quant au reproche insinué de l'usage qu'on fait souvent des fanfares, dans les villes comme dans les villages, qui est probablement de servir aux fêtes populaires et plus ou moins convenables, si fréquentes de nos jours, nous nous contenterons de répondre que les bals publics sont dirigés

au moins aussi souvent par des violons que par des instruments de cuivre ; si l'on abuse des fanfares pour accom-
pagner des cortéges profanes, dans beaucoup de villages, et
même dans quelques villes encore, les instruments de
cuivre sont un des plus beaux ornements des processions
de la Fête-Dieu. N'exagérons rien pourtant, et sous prétexte de prendre la défense de ces pauvres trombones si
malmenés, ne les sortons pas du cercle restreint dont ils
se contentent et qu'ils ne veulent pas franchir.

§ VIII. — *Dans la famille, dans l'intimité, quel sera le bénéfice ?*
Orné d'un petit bugle ou d'un trombone à coulisse, ira-t-on
se présenter et faire figure dans le monde ?

Si le rôle de la musique instrumentale, dans les écoles
chrétiennes, consiste à mettre un jeune homme en état de
se présenter et de faire figure dans le monde, à l'aide d'un
violon ou d'un violoncelle, nous nous inclinons respec-
tueusement devant l'autorité des savants musiciens que
nous avons le regret de contredire.

Mais il est difficile de supposer que MM. Neyrat et
Réty aient voulu tirer de leur plaisante hypothèse une
semblable conclusion.

Leur intention est de ridiculiser les jeunes gens préten-
tieux, musicalement parlant. Ils ont mille fois raison. Ils
sont rares, pourtant, ceux qui comptent pour se produire
et « faire figure » dans un salon sur un flageolet ou un
saxophone.

Il est plus agréable et de meilleur ton généralement de
jouer du violon ou du piano que du trombone à coulisse.

Mais personne ne l'ignore ; « chacun sait ça », et le danger n'est pas très grand de voir ce travers musical se répandre.

Nous venons de répondre très rapidement aux reproches plus spécieux que fondés de MM. Neyrat et Réty.

Une discussion plus longue serait fastidieuse pour le lecteur, d'autant que, sur un pareil sujet, les raisons pour et contre peuvent se multiplier indéfiniment.

Inconvénients et avantages abondent des deux côtés. La question, au point de vue artistique, se résoudrait sans doute au profit des instruments à cordes ; mais au point de vue pratique, dont il faut toujours tenir compte dans la vie réelle, qui osera entreprendre de modifier ou de supprimer ce qui existe ?

Ne quid nimis, rien de trop ; pas d'excès dans les doctrines musicales ; la vérité se trouve, nous le croyons fermement, dans une sage modération qui permettra, dans les maisons d'éducation, l'usage discret des instruments de cuivre, avec toute liberté pour le maître de musique d'accorder ses préférences aux instruments à cordes.

CHAPITRE II

LE RÔLE DE LA MUSIQUE INSTRUMENTALE DANS LES MAISONS D'ÉDUCATION

Empressons-nous de l'affirmer : ce rôle n'est que secondaire, et la question n'a de l'importance que pour les esprits jaloux de faire triompher leur manière de voir.

Les fanfares de collège sont un moyen de récréation ; une occupation utile et agréable aux jeunes gens, une distraction, un repos, un délassement. Qu'ils fassent de la musique plus ou moins bonne, qu'ils deviennent artistes ou restent bruyants, l'intérêt de la maison, au point de vue de l'éducation, restera sauf.

Rien ne les détourne de leur devoir d'écolier, dans ce délassement, parce qu'ils n'entrevoient pas dans leur avenir de musicien, les chances de se distinguer à l'aide de leur instrument. Une fois la répétition faite, ils ne pensent plus à la musique. C'est pour eux un genre de récréation extraordinaire ; ils sont contents et satisfaits de faire partie de la fanfare ; mais ni leur ambition, ni leur vanité ne trouvent à ces exercices un aliment sérieux.

C'est un grand point de rendre agréable à l'écolier le séjour du collège. Aussi, tous les pédagogues se sont préoccupés des plaisirs de l'enfant, avec une sollicitude qui égale presque celle de leurs travaux.

C'est la raison pour laquelle, dans la plupart des maisons chrétiennes, on organise des séances littéraires, dramatiques ou musicales, on institue des académies, en même temps qu'on installe pour le corps de l'enfant tous les appareils hygiéniques que les progrès modernes ont multipliés. Gymnastique, natation, escrime, patinage, équitation même, rien n'est négligé, selon les classes d'élèves et les exigences de chaque maison d'éducation.

Ce souci général qu'on a dans les écoles de nos jours, pour le corps et l'esprit de l'enfant, ne saurait nuire à la formation de son cœur et à l'élévation de son intelligence. Il y a longtemps que tout a été dit sur ces graves matières, et pour les collèges chrétiens, écoles primaires, internats ou petits séminaires, le progrès n'est guère à poursuivre, puisque la perfection y est atteinte, du moins dans ses humaines limites.

C'est dans le cadre des plaisirs de la pension que nous mettons la musique instrumentale. En effet, nul n'y entre que de plein gré, et personne n'y reste par force.

La liberté est une des conditions du plaisir.

Peu importe assurément, le choix de l'instrument pour chaque élève en particulier, puisque tous, après avoir consulté leurs goûts naturels, demandent à leurs parents et au maître de musique, de sanctionner leur préférence.

Il faut tenir compte d'une observation que font tous ceux qui s'occupent de l'éducation des enfants, en cette matière surtout du choix d'un instrument.

Les instruments à vent ont les préférences des enfants ; tandis que, la plupart du temps, ce sont les parents qui choisissent pour leur fils le violon ou le piano.

La raison de cette différence et de ce penchant naturel réside probablement dans l'attrait extérieur et la capacité bruyante des instruments de cuivre. De plus, il est beaucoup plus facile d'apprendre à jouer des instruments à mécanisme fixe, que du violon dont le doigté est si délicat, et pour lequel il faut une oreille bien exercée. Les enfants se rendent parfaitement compte de ces nuances, et c'est assurément la raison de ce goût, peu artistique, c'est vrai, mais très naturel.

Pourra-t-on modifier cette inclination, et réagir contre ces tendances ? Je n'ose l'espérer.

Donc, l'instrument de cuivre, c'est un fait reconnu, a les sympathies les plus générales de l'enfant.

Un autre point dont il faut convenir, c'est qu'en réalité l'exercice des instruments de cuivre est une récréation, celui du violon ou du piano, au contraire, une véritable étude. C'est tellement vrai, que cette expression : « étudier son violon ou son piano » est devenue familière à force d'être usitée, et qu'il n'est pas de jeune musicien, violoniste ou pianiste, à qui les maîtres ou les mamans ne conseillent une heure d'étude par jour.

Ce n'est qu'à ce prix, disent unanimement les professeurs, s'appuyant sur l'expérience, ce n'est qu'à ce prix qu'on peut devenir réellement habile. Au point de vue artistique, cette nécessité d'étudier ne se discute pas ; aussi conviendra-t-on avec nous qu'il y aura beaucoup de difficultés à rendre populaire et générale, dans les maisons d'éducation, la pratique d'instruments si difficiles.

A moins cependant qu'on ne veuille transformer nos écoles en petits conservatoires, où seul l'usage des instruments à cordes sera permis. Mais alors, comment pourrez-vous organiser pratiquement les études et les exercices de ces instruments, étant donné déjà, dans l'hypothèse, le fonctionnement régulier des classes de musique vocale.

Le temps des récréations dans tous les pensionnats est d'environ deux heures par jour, au maximum. Une demi-heure le matin, après la classe, une heure à midi, après le repas, et une demi-heure le soir, vers quatre heures.

La leçon de musique vocale quotidienne dure, dans certaines maisons d'éducation, une heure, ce qui, de l'aveu même de MM. Neyrat et Réty, est beaucoup trop [1].

La leçon de violon ou de piano sera au moins d'une demi-heure, deux fois par semaine; c'est le temps ordinaire de ces leçons. Pour préparer ces leçons, il faut étudier; une heure par jour, ce n'est pas trop. Cela fait en tout une moyenne de deux heures par jour données à la musique vocale et instrumentale. N'est-ce pas excessif, en comparaison surtout du temps laissé aux autres matières de l'enseignement ?

Le bon sens tout seul ne dit-il pas que s'il y a quelques cas de parents consentant à ce partage disproportionné entre les études littéraires et l'art de la musique, la plus grande partie place avec raison l'étude du violon et du piano dans la catégorie des choses de luxe.

Une autre difficulté, matérielle celle-là, se présente en examinant la question qui nous occupe.

A supposer que l'étude des instruments à cordes se généralise dans les pensions, sera-t-il toujours facile d'avoir des maîtres et de bons maîtres? Dans la région lyonnaise,

---

(1) « Une heure de classe paraît un temps trop long. Même en apportant de la variété à la leçon, l'expérience semble démontrer qu'en moins d'une heure l'attention se fatigue, et même un peu la voix. » *Note de la page 13.*

il y a plus de trente maisons d'éducation. A Lyon, en dehors du Lycée et de ses 500 internes, nous possédons pour l'enseignement secondaire, les institutions très prospères des Chartreux et des Minimes, le Petit-Séminaire de Saint-Jean et l'Externat de la rue Sainte-Hélène. Le pensionnat des Frères de la montée Saint-Barthélemy, celui des Frères du Sacré-Cœur aux Chartreux, possèdent plus de 800 élèves à eux deux.

Sans mentionner beaucoup d'autres maisons d'éducation moins importantes, le chiffre des élèves de nos maisons chrétiennes de Lyon est considérable.

Les professeurs de musique sont nombreux aussi, et il en est beaucoup d'excellents parmi eux. Mais si le nombre de leurs leçons croissait dans une proportion de dix pour un, par exemple, et c'est le chiffre minimum que la brochure de MM. Neyrat et Réty laisse supposer, ils ne pourraient y suffire.

Que sera-ce si nous songeons aux Petits-Séminaires, maisons chrétiennes par excellence, qui sont situés à la campagne et loin de toute communication artistique.

Le projet de réforme des deux savants maîtres de chapelle confine trop au domaine de la théorie pure, pour avoir quelques chances de succès.

Les considérations platoniques sur l'art ne diminueront pas les obstacles et ne créeront pas spontanément des professeurs de musique.

Ces difficultés, dont la réalité ne saurait échapper aux esprits non prévenus, nous ramènent à la question des instruments de cuivre dans les pensionnats; instruments dont le jeu est très simple et constitue pour les jeunes gens une récréation qu'il serait cruel de leur enlever.

Il y a plus; les fanfares, dans les collèges, sont un élément de vie et de gaieté, qui double l'intérêt des fêtes écolières.

Nous ne parlons pas ici des sorties dans les rues, puisqu'à Lyon au moins, elles sont interdites, au nom de la liberté, aux maisons religieuses. D'ailleurs la médiocrité artistique de la plupart des fanfares de collége supporterait mal la comparaison qu'on en ferait à Lyon, avec les musiques de régiment.

Ceux qui voient un danger pour l'art et la cause chrétienne, dans les joyeuses sonneries des musiques de pensionnat, aux jours de congé, dans les rues d'un village, ont la vue bien perçante, et l'esprit inquiet mal à propos.

Mais nous voulons uniquement nous occuper du rôle de la musique instrumentale, *intrà muros*.

Elle est un élément de vie et de gaieté : il faut prendre les enfants comme ils sont ; ils aiment le bruit. La musique de cuivre pour eux a des charmes à nul autre pareils : il ne faudrait cependant pas se les figurer assez dépourvus de goût naturel pour ne pas faire de différence entre une exécution convenable et un bruit discordant de trompettes de foire. Il y a aussi assez d'intelligence, même chez les moins cultivés, pour apprécier exactement le mérite et la supériorité des musiciens qui jouent du violon et du piano. Mais encore une fois, là n'est pas la vraie question. Une fête au collége, sans musique instrumentale, est incomplète. Etant donnée la difficulté extrême d'avoir partout un orchestre d'instruments à cordes, il faudra non seulement tolérer, mais même encourager dans la plupart des maisons d'éducation l'usage des fanfares.

L'exemple que M. l'abbé Neyrat donne de ce qui se pratique en Suisse, des chœurs chantés par les écoles en promenade, n'a ici aucune portée, car il s'agit simplement des écoles primaires composées exclusivement de très jeunes enfants, et, au plus, de quarante à cinquante par bande.

Il est vrai que ces enfants chantent, en marchant, de très jolis chœurs bien rythmés, bien gracieux. Mais il faut ajouter aussi que dans tous les gymnases de la Suisse protestante et catholique, les fanfares d'instruments de cuivre existent et ont, absolument comme en France, un fonctionnement régulier.

Les solennités, à l'intérieur des collèges, qui n'ont pas un objet exclusivement religieux, sont singulièrement relevées dans l'esprit des enfants par l'appareil joyeux des fanfares. Encore une fois ne serait-il pas cruel, dangereux même, de supprimer cet élément de récréation.

Est-ce sérieusement que MM. Neyrat et Réty proposent de remplacer la musique des instruments de cuivre par des « fusils de bois et des sabres de carton ». Quel maître de pension, quel directeur d'institution pourrait compter sur ces moyens récréatifs, pour distraire et occuper des jeunes gens de 15 à 18 ans.

En résumé, le rôle des instruments de musique, dans les maisons d'éducation, est uniquement de servir à l'amusement des jeunes gens. A ce titre seul, ils mériteraient d'être épargnés.

Les instituteurs de la jeunesse auraient tort de compter sur les fanfares pour hausser le niveau du goût musical, si tant est que cette préoccupation tienne une grande place dans leur esprit.

L'art ne peut souffrir aucune atteinte de l'existence simultanée, dans une maison d'éducation, des instruments à cordes et des instruments de cuivre. Les uns et les autres sont utiles, à des degrés différents sans doute, mais ils concourent tous à un but commun.

Nous ne dirons que peu de mots de la conclusion de la brochure de MM. Neyrat et Réty.

Les considérations qu'elle émet sont tellement indéterminées qu'elles pourraient tout aussi bien trouver leur place à la fin d'un traité de religion ou de morale.

Il est certain que « le beau est la splendeur du vrai. »

Mais appliquer cet aphorisme de Platon... ou de Plotin, à une question de trombone ou de violon, semblera peut-être un peu outré, et hors de proportion avec la modestie du sujet.

Nous pardonnera-t-on, puisque nous avons parlé en faveur des instruments de cuivre, sans nous en faire cependant les panégyristes exclusifs, d'ajouter comme complément à cette étude, des notes historiques se rapportant à l'origine et aux diverses transformations de ces mêmes instruments ?

DEUXIÈME PARTIE

CHAPITRE PREMIER

LES INSTRUMENTS DE MUSIQUE DANS L'ANTIQUITÉ

§ I. — *Chez le peuple Hébreu.*

Au quatrième livre de la Genèse 1 , l'auteur sacré désigne Jubal comme l'inventeur des instruments de musique. Au chapitre trente et unième du même livre, nous voyons dans l'histoire de Jacob poursuivi par Laban, son beau-père, la mention faite des chants de joie qu'accompagnent les tambours et les harpes.

Chez les Hébreux, la musique, soit vocale soit instrumentale, est associée à tous les actes de la vie, aux deuils et aux joies, aux événements politiques et religieux, aussi bien qu'aux distractions profanes. Elle a sa place marquée dans les cérémonies du culte juif.

(1) *Genèse,* livre IV, v. 21.

Au livre des nombres, chapitre X, versets 1 et 2, nous lisons une prescription divine relative aux instruments de musique.

« Le Seigneur parla à Moïse, et lui dit : « Faites-vous deux trompettes d'argent battu au marteau, afin que vous puissiez vous en servir pour assembler tout le peuple, quand il faudra changer le camp de place. »

Ces deux trompettes servaient à convoquer le peuple et à faire lever le camp. Suivent, dans le livre sacré, les indications et les signaux à faire, pour chaque mouvement du peuple. Un savant allemand, M. Joseph Levin Saalschuetz, fait judicieusement observer que, pour l'intelligence de ces signaux par le son des trompettes, il devait y avoir plusieurs sonneries différant par le son et la durée. Ce qui pourrait faire conclure qu'à cette époque reculée déjà, le peuple hébreu avait une sorte de musique instrumentale d'institution divine.

Déjà, au chapitre dix-neuvième de l'exode, nous trouvons le récit terrifiant de Moïse, racontant au peuple comment les tables de la loi lui furent données sur le Sinaï, au milieu de l'éclat des tonnerres et du bruit de la trompette.

Dans une multitude d'autres passages des livres saints, nous trouvons l'usage des instruments de musique mêlé à l'histoire du peuple hébreu. Ces instruments servent toujours dans les combats pour exciter l'ardeur des combattants, rallier les soldats, ou sonner la retraite.

On les employait aussi dans les cérémonies du Sacre des rois, pour annoncer au peuple l'intronisation du nouveau souverain.

L'historien Josèphe (1) raconte que Salomon fit faire

(1) Jos. Ant. lib. VIII « Et tubas secundum præceptum Moysi ducenta millia. »

deux cent mille trompettes, ainsi que Moïse l'avait ordonné, et quarante mille instruments de musique, tels que harpes, psaltérions et autres.

Quand la victoire terminait un combat au profit des Hébreux, on entonnait des chants que les kinnor, les nebel accompagnaient. Ils se livraient aussi à des danses accompagnées du bruit des tambours, des cymbales et des sistres 1.

Faut-il rappeler la prise de Jéricho 2, la victoire de Gédéon sur les Madianites, pour montrer le rôle des instruments de musique guerrière dans l'histoire sainte ?

La forme des trompettes sacrées, d'après les notes savantes de M. l'abbé Fillion, directeur au grand-séminaire de Lyon, notes que nous citerons avec plaisir, en rendant hommage à la profonde érudition de leur auteur, la forme des trompettes sacrées était droite, pour les instruments en métal ; c'était un tube cylindrique terminé par un pavillon. Elle était recourbée pour les autres, généralement en corne. Les premières s'appelaient *hatsot-serah*, et les autres *schófar* 3.

Il y a trois sortes d'instruments de musique mentionnées dans la Bible, dit M. l'abbé Fillion : 1° les instruments à percussion, qui sont le tambourin et plusieurs espèces de tambours ; les cymbales bruyantes, chères aux Orientaux de tous les temps, et le sistre.

2° Les instruments à vent, dont le plus ancien parait avoir été la cornemuse, le *hougab* des Hébreux ; la flûte, souvent mentionnée et tout à fait connue sous ses diffé-

---

(1) I *Rois*. chap. XVIII.
(2) *Josué*, chap. VI.
(3) *Atlas archéologique de la Bible*, par M. L. Cl. Fillion, prêtre de Saint-Sulpice, professeur d'Écriture Sainte au Grand Séminaire de Lyon.

rentes formes : flûte de Pan, dont l'orgue est le dérivé, flûte traversière, etc., et les trompettes, dont nous avons déjà parlé.

3° Les instruments à cordes : la lyre, la harpe et la guitare.

Tous ces instruments, dont les monuments anciens de l'Égypte et de Rome nous ont transmis la forme, et qui ont été l'objet de savants travaux [1], ont été successivement transformés et perfectionnés dans la suite des âges. Nous retrouverons dans plusieurs de nos instruments modernes les preuves visibles de leur antique origine.

§ II. — *Chez les Égyptiens, les Grecs et les Romains.*

Les histoires anciennes de ces peuples nous montrent toutes la musique instrumentale mêlée profondément aux mœurs et aux institutions. « Chez les Égyptiens, dit M. G. Kastner, l'art musical fait partie des sciences révélées par Hermès, il concourt à la célébration des mystères, il intervient dans les cérémonies religieuses et triomphales; il sert enfin à régler la marche des armées. »

Les Égyptiens se servaient surtout des trompettes droites.

Chez les Grecs, la musique tient une grande place dans l'éducation de la jeunesse. On apprend à l'enfant à manier l'épée et la lyre. Les noms de Linus, d'Orphée et du divin

[1] Kitto, *Cyclopædia.* — Plumptre, *Bible Educator.* — Wilkinson, *The Manners and Customs of the ancient Egyptians*, etc., etc. — G. Kastner.

Apollon sont restés dans la mythologie, et, passant dans l'histoire, nous montrent l'importance que les anciens attachaient à la musique instrumentale.

L'athénien Tyrtée, poète et joueur de flûte, conduit les Lacédémoniens à la victoire contre les Messéniens.

Les plus vaillants capitaines, Cimon, Epaminondas, se rendent habiles dans l'art de chanter en s'accompagnant de la lyre, et le grand Thémistocle se couvre de honte pour avoir refusé, dans un festin, la lyre qu'on lui présentait, alléguant qu'il n'avait jamais appris à jouer de cet instrument.

L'épopée d'Homère contient plusieurs passages nous représentant les chefs des armées, après une victoire, se reposant de leurs fatigues et célébrant leurs exploits à l'aide d'un agréable concert d'instruments. L'Iliade et l'Odyssée consacrent les noms de Démodocus, Thamyris et Phémius, habiles musiciens. Achille, plein de douleur à la suite de son démêlé avec Agamemnon, chante, pour éloigner son chagrin, en s'accompagnant de la lyre.

Tout le monde a présent à l'esprit le souvenir classique du dieu marin Triton et des sons effrayants qu'il tirait d'une trompette de son invention, formée par une conque. C'est même cette forme de conque qui fut donnée à la trompette, à cette époque reculée de la musique.

Au siège de Troie, il n'y eut probablement pas de trompettes. Homère n'en parle pas. Pour les signaux et les commandements, les chefs usaient de la voix puissante de Stentor.

Les instruments favoris des Grecs étaient la flûte et la lyre; les trompettes étaient réservées à la guerre [1].

(1) Xénophon, *Anabase*.

A Rome, la première organisation véritable de la musique instrumentale est attribuée à Servius Tullius 578 av. J.-C. [1]. Il divisa, dit Denys d'Halicarnasse, le peuple en centuries. Deux d'entre elles furent composées de joueurs d'instruments qui devaient fournir des musiciens à l'armée.

Plus tard, lorsque la puissance romaine fut arrivée à son apogée, et que la conquête presque entière du monde connu eut initié le grand peuple à toutes les connaissances et à tous les usages des nations vaincues, la musique instrumentale dans l'armée prend une forme bien déterminée.

Dans la milice il y avait trois sortes de trompettes, différant par le timbre et par la forme. L'infanterie avait la *tuba*; la cavalerie, le *lituus*; et la *buccina* s'employait avec la tuba, pour l'infanterie.

Un autre instrument sonore servait aussi à donner les signaux, c'étaient les *cornua*, semblables à nos cornets à bouquin, et faits avec des cornes d'animaux. Il y avait aussi le *classicum*, sorte de clairon.

Le rôle des trompettes, indépendamment des signaux, était d'exciter et d'entretenir l'ardeur des troupes. Elles servaient également à relever la pompe des triomphes et des ovations.

Les autres instruments de musique des Romains étaient, comme chez les Grecs, la flûte, la lyre, le *tympanum*, tambour ou timbales.

Les tambours, dans la forme qu'ils ont actuellement, ne furent guère adoptés dans l'armée romaine qu'à l'époque de la décadence de l'empire; on les appelait alors *sym-*

---

[1] Denys d'Halic. liv. iv, chap. 2.

phonia (1). On frappait les deux peaux tendues avec des baguettes.

L'histoire nous a conservé les appellations des musiciens de Rome. Les musiciens militaires étaient nommés *Æneatores*, qui sonnent de l'airain, parce que la plupart des instruments guerriers étaient faits d'airain. On avait institué pour eux une fête annuelle qui se célébrait à Rome, le 23 mai, et ce jour s'appelait *tubilustrium*. C'était ce jour-là qu'avait lieu la consécration de leurs instruments.

Nous lisons aussi dans le très remarquable ouvrage de M. Dezobry, *Rome au siècle d'Auguste*, que les joueurs de flûte, de lyre, de tympanum et de trompettes mêlaient le son de leurs instruments à la voix des chanteurs, dans les festins et les fêtes publiques tout aussi bien qu'aux solennités religieuses.

On pourrait encore citer de nombreux passages de Virgile, montrant le rôle héroïque des instruments de musique guerrière. Mais dans le cadre étroit d'une étude comme celle-ci, il faut nécessairement se borner et user avec modération des ressources d'érudition que les travaux nombreux écrits sur ces matières mettent à la disposition de tous ceux qui voudraient des détails plus complets.

(1) *Symphonia vulgo appellatur lignum cavum, ex utraque pelle extensa, quam virgulis hinc et inde musici feriunt* (Isidor, de Militia Romana).

CHAPITRE II

LA MUSIQUE INSTRUMENTALE CHEZ LES PEUPLES
MODERNES

Au milieu des perturbations profondes que les invasions barbares apportèrent dans le monde civilisé, la poésie et la musique restèrent toujours en honneur, au sein même des hordes qui ravagèrent l'Europe.

L'ordre des bardes fut le refuge de ces deux Muses. Or, chez la plupart des nations des premiers siècles de l'ère chrétienne, l'institution des bardes est florissante. Ce sont eux qui, par leurs chants sur les exploits de leurs chefs, nous ont conservé l'histoire de ces temps. (1) Ils composaient des hymnes à la gloire des dieux du culte druidique, et s'accompagnaient de la flûte, de la harpe ou du violon.

(1) L'ordre des bardes faisait partie de l'ordre des druides, ou plutôt celui-ci se divisait en trois classes principales, les druides, les bardes, et les eubages ou devins. Les druides, en général, exerçaient la juridiction et le sacerdoce, la philosophie, la théologie et la médecine. Les bardes étaient particulièrement poètes, musiciens et historiens. Quant aux eubages, ils s'occupaient principalement de la science augurale. (G. KASTNER, d'après Strabon.)

Dans la Grande-Bretagne, les bardes furent, de temps immémorial, tenus en grande estime.

L'Armorique eut aussi des bardes fameux. Dès le ive siècle, on cite le nom de Taliesin, prince des bardes, de Sulio et d'Hyvarnion.

Fingal, Fergus, Ossian sont aussi des noms illustres. Ils ont chanté les exploits guerriers et les douceurs de la paix.

Les Francs, nos ancêtres, élevaient leurs rois sur le pavois, au son des instruments de musique ; et l'historien Cassiodore (468-562), qui fut le ministre de l'empereur Théodoric, roi des Goths en Italie, nous a conservé une lettre de ce prince à Clovis, par laquelle il l'informe de la prochaine arrivée d'un citharède, qu'il lui envoie pour réjouir la gloire de sa puissance. — « *Citharædum etiam, arte suâ doctum, pariter destinavimus experitum, qui ore manibusque consona voce cantando, gloriam vestræ potestatis oblectet.* »

Un peu plus tard, vers le milieu du ve siècle, tous les instruments des Romains, à savoir : la *tuba*, la *fistula*, la *tympana*, etc., étaient usités.

La chanson de Roland nous raconte les merveilles du cor de ce paladin. Les oliphants ou olifants, tirent leur nom du mot éléphant, parce que les plus beaux de ces instruments étaient faits d'ivoire.

Les ménestrels du moyen âge chantaient la guerre et les poèmes de galanterie, en s'accompagnant du luth, ou de la harpe.

Aux croisades, les trompettes militaires et les autres instruments de musique sonnent la charge dans les combats, et quand saint Louis en 1248, s'embarqua à Aigues-Mortes, les musiciens de sa chapelle l'accompagnèrent, et, dit Joinville, « quand les clercs et les trouvères furent entrés dans la nef, le maitre-nautonier leur cria : Chantez, de par Dieu ! et ils entonnèrent tous à vive voix : *Veni. Creator Spiritus* ».

Sous le règne de Louis XII, beaucoup plus tard, après la bataille d'Aignadel, la chapelle du roi de France exécuta sur les lieux mêmes un *Te Deum* en musique [1].

Une preuve que le moyen-âge connaissait déjà plusieurs espèces d'instruments de musique, c'est la rencontre fréquente qu'on fait dans les vieilles chroniques écrites en français des noms de *tubes*, trompes, trompettes, cors, cornets, buisines, buccines, clarons, claronceaux, etc. [2].

Les entrées triomphales des princes et des souverains, les tournois, les pas d'armes, les festins étaient les principales occasions où les ménétriers et les musiciens militaires se servaient de leurs instruments. C'est à cette époque xiiiᵉ siècle qu'il faut faire remonter l'usage le plus fréquent du *rebec*, espèce de violon à trois cordes, qui fut abandonné au commencement du xviiiᵉ siècle.

Le fifre fut introduit dans les musiques militaires, probablement sous François Iᵉʳ, peut-être même déjà sous Louis XI, était-il connu en France.

Un ouvrage paru en 1589, l'*Orchésographie de Thoinot Arbeau*, renferme le passage suivant qu'on nous permettra de citer, malgré sa longueur relative.

« Les instrumens servans a la marche guerrière, sont les buccines et trompettes, litues et clerons, cors et cornets, tibies, fifres, arigots, tambours et autres semblables, mesmement lesdits tambours.

« Le tambour des Perses duquel usent auleungs Allemands, le portant à l'arçon de la selle est composé d'une

<hr>

(1) G. Kastner, *Manuel de musique militaire*, p. 75.
(2) *Ib., loc. cit.*

demy sphère de cuyvre bouchée d'un fort parchemin d'environ deux pieds et demy de diamètre, et faict bruit comme d'un tonnerre quand ladite peau est touchée avec bastons.

« Le tambour duquel usent les François assez cogneu par un chacun est de bois cave long d'environ deux pieds et demy, estoupé d'un cousté et d'aultre de peaulx de parchemin, arrestées avec deux cercles d'environ deux pieds et demy de diamètre, bandées avec cordeaux, affin qu'elles soient plus roides ; et faict comme vous pouvez avoir ouï plusieurs fois un grand bruit, quand lesdites peaulx sont frappées avec deux bastons que celui qui les bat tient en ses mains.

« Le bruit de tous lesdits instruments, sert de signe et advertissement aux soldats pour desloger, marcher, se retirer ; et à la rencontre de l'ennemy leur donne cœur, hardiesse et courage d'assaillir, et se deffendre virilement et vigoureusement.

. . . .

« Nous appelons le fifre, une petite flutte traverse à six trouz, de laquelle usent les Allemands et Suysses, et d'aultant qu'elle est percée bien estroictement de la grosseur d'un boulet de pistolet, elle rend un son agu ; aulcuns usent, en lieu de fifre, dudict flajol et fluttot nommé arigot, lequel selon sa petitesse a plus ou moins de trouz, les mieux faits ont quatre trouz devant et deux derrière, et est leur son fort esclattant, et pourroit-on les appeler petites tibies, parce que premièrement on les faisoit de tibies et jambes de grues. »

Au xviie siècle, les violons prennent le pas sur les instruments de cuivre, et chacun sait qu'au siège de Lérida, en 1647, les 24 violons du prince de Condé conduisirent le régiment de Champagne qui ouvrit la tranchée sous le feu de l'ennemi, au son de ces instruments. Mais cette mode ne dura pas, et l'on reprit vite, en y adjoignant d'autres instruments, l'usage des fanfares de trompettes et des batteries de tambour.

Les Français empruntèrent aux Allemands l'usage des hautbois et des cymbales, aux Anglais celui de la cornemuse, et aux Italiens celui de la musette.

Ces instruments, dont l'origine et la nationalité ne sont pas établies d'une manière bien sûre, existaient avant 1643.

Tous ces instruments servaient à rehausser l'éclat des fêtes guerrières, et, dans les carrousels qui succédèrent aux tournois de la chevalerie, on les employait volontiers.

Au fameux carrousel de 1661, les trompettes, les tambours, les timbales et les hautbois constituaient l'harmonie guerrière. La musique qui escortait les chars était composée de violons et de flûtes [1].

Le célèbre Lulli ne crut pas déroger en composant pour les régiments français des airs de hautbois et de fifres, des fanfares et sonneries de trompettes, et jusqu'à de simples batteries de tambour.

Tout cela était bien inférieur, sans doute, à l'organisation actuelle de nos musiques de régiment. Mais si l'on considère que l'art doit suivre, dans toutes ses manifestations, un développement et un progrès qui le mène à la perfection idéale, on comprendra très bien les diverses phases que subit la musique instrumentale en France.

Nous croyons avoir raconté assez longuement l'enfance et le moyen âge de l'art instrumental. Nous avons hâte d'arriver aux détails plus pratiques de la composition moderne et actuelle des musiques militaires.

(1) Le P. Ménétrier, lyonnais, *Traité des tournois, joutes, carrousels*, Lyon, 1669.

CHAPITRE III

LES MUSIQUES DE RÉGIMENT ET LES MUSIQUES
DE COLLÈGE

C'est à partir de 1764 que les instruments à anche et à
clefs ont commencé à exister dans les gardes françaises.

Il n'y avait alors que seize musiciens par régiment, sans
compter les fifres ni les tambours.

« De 1785 à 1788, dit M. G. Kastner, l'infanterie de
ligne s'empara de ces instruments. Depuis lors, les ordon-
nances prescrivirent aux musiques de jouer à la présenta-
tion du drapeau, de figurer aux messes militaires, aux
parades, aux convois des dignitaires, aux défilements et aux
entrées d'honneur. »

Pendant la révolution, à partir même de 1789, M. Sarrette, capitaine d'état-major à Paris, recueillit 45 musiciens
du dépôt des gardes françaises, et en forma la musique

de la garde nationale de Paris. Peu à peu ce nombre s'augmenta, plusieurs artistes se joignirent à ceux déjà réunis, et après des péripéties diverses, que nous n'avons pas à détailler, le même M. Sarrette obtint, en 1792, l'établissement d'une école gratuite de musique, qui devint plus tard le Conservatoire, (12 thermidor an III.

M. Fétis donne la liste des instruments dont se composait une musique militaire sous la Révolution :

1 petite flûte,
4 clarinettes,
2 hautbois,
2 cors,
2 bassons,
   grosse caisse,
   cymbales,
   triangle.

« La plupart des marches et pas accélérés, dit encore M. Kastner, composés à cette époque, par Devienne, Catel, Gossec et autres, étaient écrits à neuf parties, savoir deux de clarinette, deux de hautbois, une de flûte, deux de cor et deux de basson. Les parties de clarinette, suivant l'importance de la musique, étaient doublées ou triplées. Mais bientôt le basson ayant été reconnu insuffisant pour soutenir la base de l'harmonie, on joignit à ces instruments le trombone, d'après l'exemple que nous en avaient donné les Allemands. L'éclat de cette nouvelle sonorité parut cependant atténuer l'effet des instruments aigus, et pour que ceux-ci ne fussent point écrasés, on jugea nécessaire de les renforcer par des parties de trompette. »

Bonaparte, premier consul, supprima en 1802 toutes les musiques de cavalerie, qui furent rétablies d'ailleurs sous l'Empire.

Voici quelle était leur composition :

16 trompettes,
6 cors,
3 trombones.

La garde impériale, ainsi que les carabiniers et quelques régiments de cuirassiers, avaient des timbales.

La musique de la garde consulaire et impériale se composait de :

12 clarinettes (en *ut*),
2 petites clarinettes (en *fa*),
2 petites flûtes (en *fa*),
4 hautbois,
4 bassons,
4 cors,
2 trompettes,
2 trombones,
2 serpents,
grosse caisse,
caisse roulante,
2 paires de cymbales,
1 pavillon chinois.

D'après M. Fétis, un corps de musique militaire, en 1809, se trouvait composé de :

6 ou 8 grandes clarinettes,
1 petite clarinette (en *mi bémol*),
1 petite flûte,
2 cors,
2 bassons,
1 trompette,
2 ou 3 trombones,
1 ou 2 serpents,
grosse caisse,
cymbales,
caisse roulante,
chapeau chinois,

En 1825, la musique d'un régiment d'infanterie se composait ordinairement de :

2 flûtes (en *fa* ou en *mi bémol*),
2 clarinettes   *id.*,
2 premiers hautbois,
2 seconds hautbois,
6 premières clarinettes (en *ut* ou en *si bémol*),
6 secondes clarinettes   *id.*,
2 trompettes (en *fa* ou en *mi bémol*),
4 cors   *id.*,
6 bassons,
2 trombones,
2 contre-bassons.

Total : 36.

C'est vers cette époque, ainsi que nous l'avons dit dans la première partie de cette étude, que la fabrication des instruments réalise des progrès considérables. L'invention des pistons multiplie les ressources d'exécution, et donne à tous les instruments de cuivre une importance qu'ils n'avaient pas eue jusque là.

Cette invention mit assez longtemps à se faire admettre, mais réussit enfin à vaincre tous les préjugés. Des instruments d'un timbre aigu, grave et moyen, furent fabriqués, et la musique militaire commença à entrer dans une période toute nouvelle.

Des musiciens d'un grand talent, parmi lesquels nous trouvons les noms de Fétis, Castil-Blaze et Berlioz, se firent les champions d'une réforme que les ressources nouvelles nécessitaient. Sous le gouvernement de Louis-Philippe, M. Meifred soumit à l'autorité administrative le projet d'un établissement modèle qui devait donner à l'armée des artistes expérimentés, pour la composition et la direction des musiques militaires. Ce projet fut adopté, et le Gymnase musical fut fondé.

Les perfectionnements que le célèbre facteur Adolphe Sax (1) apporta dans la plupart des instruments, et tout d'abord de la clarinette, la création des saxophones surtout, firent toute une révolution dans l'art de la musique instrumentale.

Donizetti est le premier compositeur qui voulut profiter des heureuses modifications apportées par Ad. Sax dans la facture des instruments. Mais une coalition puissante, formée d'industriels et d'artistes de l'Opéra empêchèrent le maître d'enrichir sa partition de *Don Sébastien* des sonorités nouvelles.

Les suffrages de Berlioz, d'Halévy, de Meyerbeer, d'Ad. Adam, d'Ambroise Thomas et de Carafa consolèrent l'inventeur de ses déboires, et ses excellents instruments qu'on n'a fait qu'imiter et perfectionner de nos jours, sont en usage dans toutes les musiques militaires et civiles de la France.

Les avantages des instruments de Sax sur ceux qui les précédaient étaient une sonorité plus éclatante, une justesse plus grande, une égalité d'harmonie constante.

De nos jours, la perfection des instruments ne laisse rien à désirer ; mais la composition des musiques militaires a subi, par suite des événements de 1870, des changements notables.

Nous n'avons pas à entrer dans le détail de ce qui s'est fait depuis 1848 et sous le second empire. Ces considérations nous entraîneraient trop loin, et l'attention du lecteur est fatiguée déjà, peut-être.

(1) Adolphe Sax, célèbre facteur d'instruments de musique, et virtuose consommé, naquit à Dinant (Belgique), en 1814.

Le *Dictionnaire des Contemporains*, de Vapereau, dit dans l'article consacré à Ad. Sax : « Son nom s'est aussi attaché, dans le monde médical, à une campagne en faveur des instruments à vent, comme propres à prévenir ou à guérir les maladies de poitrine. » (Vapereau, page 1625.)

Actuellement, les musiques militaires n'ont pas un nombre invariable de musiciens. Chaque chef de musique augmente le nombre de telle ou telle partie d'instruments, selon les commodités du service et l'abondance des artistes.

Les gagistes, ou musiciens soldés par l'État, n'ayant de militaire que l'uniforme, sont de plus en plus rares dans les régiments. Le but de leur institution était d'assurer aux régiments des solistes distingués.

Voici quelle est actuellement la composition ordinaire, des musiques d'infanterie :

2 hautbois *(ut)*,
petite flûte *(ré bémol)*,
grande flûte *(ut)*,
petite clarinette *(mi bémol)*,
8 ou 10 grandes clarinettes *(si bémol)*,
8 saxophones *(soprano, alto, ténor, basse)*,
4 trombones,
2 barytons,
6 basses,
1 contre-basse *(mi bémol)*,
1 contre-basse *(si bémol)*,
4 cornets à pistons,
2 bugles,
3 altos,
grosse caisse,
caisse claire,
cymbales.

Le nombre réglementaire des musiciens est de trente-huit, auquel les chefs peuvent adjoindre les élèves musiciens jusqu'à concurrence de cinquante-cinq musiciens en tout.

Chacune des parties est diminuée ou renforcée, selon les besoins ou les ressources de chaque musique. Un chef de musique, avec le grade de sous-lieutenant, et un sous-chef, qui a les galons d'adjudant, dirigent les exécutions et les exercices.

Les régiments de cavalerie n'ont pas d'instruments de bois, ni de saxophones.

Les musiques de régiments de chasseurs à pied sont des fanfares, c'est-à-dire qu'il n'entre dans leur composition que des instruments de cuivre, y compris les saxophones.

Dans les maisons d'éducation, la composition d'une musique ne peut pas se faire sur une proportion aussi considérable que dans les régiments.

A part quelques exceptions, la plupart de ces Sociétés musicales sont formées en fanfares et ont une moyenne de vingt-cinq à trente musiciens.

Dans les villes, où les ressources sont plus grandes au point de vue des professeurs, il y a des musiques instrumentales organisées comme dans les régiments. Il y a même certaines maisons d'éducation, dont la musique instrumentale est supérieure à celle des régiments [1]. Dans presque tous les pensionnats, les directeurs de la maison qui sont musiciens se joignent volontiers à leurs élèves, et de cette façon, la valeur de ces fanfares, au point de vue de l'exécution, est plus grande, en même temps que le bon ordre et la discipline gagnent à cette présence des professeurs.

De plus, cet appui de leurs maîtres est pour les jeunes gens un encouragement précieux.

Les répétitions ont lieu généralement une fois par semaine, et les exercices deux ou trois fois au plus. De petits règlements sont disposés pour l'ordre et la régularité des leçons ; et toujours les élèves sont satisfaits d'appartenir à la musique instrumentale, qui leur donne droit,

(1) Notamment le pensionnat des Frères à Passy.

pendant l'année, à quelques privilèges, et surtout à un congé spécial.

Dans la plupart des maisons d'éducation, les instruments de musique appartiennent à la maison, et presque toujours les instruments réputés les plus pénibles, basses et contre-basses, sont tenus par les maîtres.

Les élèves n'achètent guère pour eux que les instruments de petite dimension, et d'un jeu plus agréable, tels que les cornets à pistons et les instruments de bois : flûtes, hautbois et clarinettes.

Le répertoire des fanfares se forme selon le goût du directeur de la musique. Il choisit de préférence les morceaux faciles, et ceux qui se jouent le plus fréquemment. Les marches et les pas redoublés sont naturellement ceux qui sont du plus fréquent emploi. Malgré la banalité regrettable d'un grand nombre de ces morceaux, un chef de musique intelligent et expérimenté peut toujours s'en procurer d'excellents. Il n'a qu'à consulter les catalogues des éditeurs parisiens.

Les noms des meilleurs chefs de musique militaire sont connus. Les œuvres musicales de Sellenick, de Léon Chic, de Sibillot, de Magnier et d'une multitude d'autres, offrent un choix des plus variés. Il en est pour toutes les forces et de tous les genres.

Nous connaissons personnellement à Lyon plusieurs anciens chefs de musique très disposés à donner à cet égard aux directeurs de fanfares les plus précieuses indications.

Récréation innocente et sans danger, occupation agréable pour les jeunes gens, et élément joyeux de vie et d'entrain dans une maison d'éducation, voilà ce qu'est partout une musique instrumentale.

CONCLUSION

Nous aurions voulu mettre plus de talent et de science au service d'une cause qui n'est peut-être pas sur le point d'être jugée sans appel, d'après le seul réquisitoire de MM. Neyrat et Réty.

Le sujet, d'ailleurs, n'a pas une importance capitale en matière d'art ni d'éducation.

L'ordre de choses établi dans les collèges et les institutions de notre époque, pour ce qui concerne la musique, peut rester ce qu'il est, sans menacer aucun des grands principes chrétiens de foi et de morale, sur lesquels repose l'économie de nos maisons d'éducation.

Il y a peut-être actuellement des problèmes plus

difficiles et plus sérieux à résoudre, et des questions plus graves à discuter. A d'autres le soin de s'en occuper.

Pour nous, en remerciant le lecteur d'avoir consenti à nous suivre jusqu'au terme de cette étude, nous espérons que l'antiquité des instruments de musique, et leur rôle modeste dans nos collèges, rallieront en leur faveur quelques sympathies et détourneront d'eux d'autres foudres.

11 Novembre 1884.

LYON. — IMP. VITTE ET PERRUSSEL, RUE SALA, 58.